Sur les sentiers de la Terre :

Sur le sentier de Massalia

Pour Josette, notre voyageuse au long cours

Dans cette école, des élèves voyageurs
et des maîtres un peu magiciens
qui poussent les murs au-delà des frontières
et travaillent sur les Cultures du Monde.

Ensemble, ils ont voyagé chez les Indiens Sioux Lakotas,
les Saamis de Laponie, les Tchouktches de Sibérie,
les Quechuas du Pérou, les Xhosas d'Afrique du Sud
et les Maoris de Nouvelle-Zélande.

In this school, travelling students with their magical teachers
pushed the walls beyond the borders in order to work on the World's Cultures

Together, they travelled to Lakota Indians, To Saamis in Lapland, Tchouktches in Siberia
Quechuas in Peru and Xhosas in South Africa and Maoris in new Zealand.

En esta escuela, los estudiantes viajeros y sus maestros un poco magos
Empujan los muros más allá de las fronteras y trabajan acerca de las culturas del Mundo.

Juntos, ellos han viajado al país de los Indígenas Sioux Lakotas,
los Saamis de Laponia, los Tchouktches de Siberia, los Quechuas de Perú,
los xhosas de Suráfrica y los Maorís de Nueva-Zelanda.

Pour eux, pour les Peuples à venir, et pour vous,
Ils ont réalisé ce carnet pour présenter Massalia,
vieille de 26 siècles mais si jeune et rebelle,
Qui a toujours su accueillir tous les voyageurs...

For them, for new Cultures and for you, they created this album
in order to introduce Massalia, 26 century old but still so young,
who always welcomed all the travellers ...

Por ellos, por los Pueblos que vendrán y por ustedes ellos realizaron este libro para presentar Massalia,
una ciudad de 26 siglos pero aún joven y rebelde que siempre ha sabido acoger a todos viajeros...

Ecole du Parc Bellevue
143, rue Félix-Pyat • 13003 Marseille - amcp5@sfr.fr

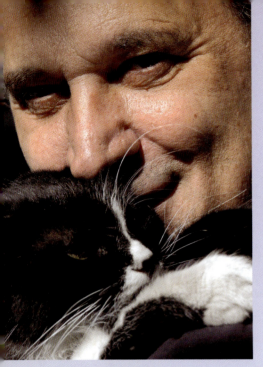

Il n'y a pas de connaissance sans curiosité,
ni de diversité sans partage.
Le voyage nous ouvre des horizons où se tissent
nos rêveries et où se puisent les ferments de nos savoirs.

Je suis convaincu, à l'instar des enseignants-magiciens
de l'École Bellevue, qu'à force de fabriquer
des passerelles entre les civilisations,
ces précieux rendez-vous de l'espérance,
la terre finira bien un jour par ressembler
à une mosaïque de couleurs sans frontières.

Aller vers les peuples de l'autre côté des mers et des
océans, mais aussi savoir les accueillir,
a quelque chose de magique qui permet de voir,
de comprendre et d'apprendre que l'essentiel est dans le regard de l'autre
et combien l'homme est à la fois singulier et magnifique dans l'expression de sa diversité.

Comprendre l'autre c'est faire un pas dans sa propre humanité,
mais c'est aussi intégrer le monde dans la multiplicité de ses cultures.
Les enfants sont les porteurs de ces messages d'espérance et d'obstination poétique.

Je suis fier d'eux, fier de ces nouveaux poètes du monde
qui osent toutes les couleurs et font vibrer toutes les formes et toutes les idées.
Je suis sûr qu'ils sauront, à leur tour, faire bouger les choses.

Voilà un joli message qui court tout au long de ces pages: dessins, peintures,
poésies forment les liens nécessaires au devenir d'une société orientée sur le monde.

Les enfants ignorent la bêtise des frontières qui séparent les peuples
et les cultures, et l'homme sont pour eux non un homme de couleur
mais de toutes les couleurs, un homme traversé par un arc-en-ciel d'espérance.

Richard Martin – Directeur du Théâtre Toursky

"I believe, as the teachers-magicians from Parc Bellevue Primary School do, that if we all keep on building up connections between civilizations, the world will – one day – look like an all-colored mosaic with no frontiers."
Richard Martin - Director Toursky Theater

"Estoy tan convencido como los profesores-magos de la Escuela Primaria Parc Bellevue que insistiendo en la construcción de lazos entre las civilizaciones, preciosas citas de esperanza, el mundo terminara – un día – por parecerse a un mosaico de colores sin fronteras."
Richard Martin - Director del Teatro Toursky

Les Auteurs

Les dessins et textes sont l'œuvre des enfants de l'école Parc Bellevue
Chafianti, Djamila, Walid, Farid et les autres... et de quelques femmes de Bellevue,
sans oublier les collégiens Kamardine, Mohamed, Lullaby, Asna, Mélinda...
sous la conduite de leurs enseignants Geneviève, Véra, Arnaud et de Gérard Souffray, plasticien.
Les photos sont offertes par les maîtres et Jak.
Les traductions anglaises et espagnoles ont été supervisées
par Lady Carolina Suarez, notre assistante de langue colombienne.

Carte d'identité

Les principales villes de France: Marseille, Lyon, Paris, la capitale...

Main cities in France: Marseilles, Lyon, Paris, the capital...

Ciudades principales in Francia: Marsella, Lyon, Paris

Le drapeau de Marseille: il date des Croisades c'est une croix bleue sur fond d'argent

Marseilles' flag: a blue cross on a silver background / Bandera de Marsella: una cruz azul sobre un fondo plateado

Population: environ 800 000 habitants

Marseilles' population: about 800 000 inhabitants / Población de Marsella: alrededor de 800 000 habitantes

Les langues parlées à Marseille: le français, le provençal, l'arabe, le comorien, l'arménien, l'italien, l'espagnol, le russe, le mahorais...

Local spoken languages: French, dialect of Provence, Comoro Islands language, Armenian, Italian, Spanish, Russian, Mahorais language...

Lenguas locales: francés, dialecto de Provincia, La lengua de las islas Comoro, armeniano, italiano, español, ruso, lengua Mahorais...

Marseille et sa région

Marseille se trouve au sud de la France au bord de la **mer Méditerranée**. Elle est limitée au nord par le **Massif de l'Estaque**, à l'est par le **Massif de l'Etoile et du Garlaban**, au sud par les **calanques** et à l'ouest par la mer.

Marseille est composée de 111 quartiers situés sur des collines.

Geographical outlines

Marseilles is located in the South of France on the edge of the **Mediterranean Sea**. It's limited by the **Massif of Estaque** on the North, the **Massif of Etoile and Garlaban** on the East, the **calanques** on the South and the sea on the West.

Marseilles holds 111 districts, located on hills.

Configuración Geográfica de Marsella

Marsella se encuentra ubicada al sur de Francia, a la orilla del **Mar Mediterráneo**. Al norte limita con el **Macizo de Estaque**, al oriente con los **Macizos de Etoile y Garlaban**, al sur con los **calanques** y al occidente con el mar.

Marsella se compone de 111 barrios, ubicados sobr sus collinas.

Marseille est la plus ancienne ville de France.
D'abord les Grecs, puis viennent les Romains, les Francs, les Sarrazins... et les Comtes qui vont diriger la ville.

Marseilles is the oldest city in France.
First the Greeks came, and then the Romans, the Francs, the Sarrazins... and the Counts of Provence who ran the area.

Marsella es la ciudad más antigua de Francia.
Fueron los Griegos, luego los Romanos, los Francos, los Sarracinos... y los Cuentos de Provencia.

Histoire / History / Historia

- 28000
Peintures rupestres de la Grotte Cosquer.
Cosquer cave paintings.
Pinturas rupestres en la gruta Cosquer.

- 600
Des marins de Phocée s'installent
et donnent naissance à Massalia.
Greeks sailors found Marseilles.
Marineros griegos encuentran Marsella y se instalan en ella.

- IVe
Pythéas a navigué en Bretagne, Grande-Bretagne, Irlande, Islande
et jusqu'en mer Baltique où il découvre la mer gelée et l'ambre.
Pytheas sails to Brittany, Great-Britain, Irland,
Iceland up to the Baltic Sea in order to discover amber.
Piteas navega hacia Bretaña, Gran Bretaña, Irlanda,
Islandia y hasta en Mar Báltico donde descubre el mar congelado y el ámbar.

-49

Alliance avec les Romains qui s'installent.
The Romans settle down in the area.
Asentamiento romano en el área.

415
Premières pierres du monastère,
plus tard l'abbaye de Saint-Victor, la plus ancienne de France.
First stones of a monastery, later Saint Victor Abbey (the oldest in France).
Primeras piedras de la que sería después la Abadía de San Víctor (la más antigua de Francia).

1347
Arrivée de la Grande Peste à Marseille; elle va tuer la moitié de l'Europe.
The Plague arrives in Marseilles killing half of Europe.
La plaga llega a Marsella, causando la muerte de la mitad de la población de Europa.

1423
Le roi d'Espagne attaque et pille la ville.
The Spanish king attacks and ransacks the city.
El rey español ataca y saquea la ciudad.

1515
Un rhinocéros fait escale au Château d'If
A rhinoceros stops at If Island.
Un rinoceronte hace escala en el Castillo de If

1720
La Peste de 1720 tue la moitié de la ville.
The Plague kills half of the city.
La plaga causa de nuevo la muerte de la mitad de la ciudad.

1789 / 1792
Des volontaires Marseillais se joignent à l'armée du Rhin et créent la Marseillaise.
Volunteers from Marseilles join the Rhine army and write the Marseillaise anthem.
Voluntarios maseillés se juntan con el ejercito del Rhin y crean la Marsellesa.

1794
Marseille, contre les troupes du roi, est appelée "la ville sans nom".
Marseilles standing against the king is called "the town without a name".
Marsella es llamada "la ciudad sin nombre" debido a su levantamiento contra el rey.

1900
Les Indiens sont à Marseille, avec Buffalo Bill en personne.
Bill's Indians are in the city for the "Wild West Show".
Los indígenas de Buffalo Bill están en la ciudad con motivo del "Wild West Show".

1939-1945
La deuxième Guerre Mondiale détruit une partie de la ville.
A large part of the city is destroyed during the Second World War.
Gran parte de la ciudad es destruida durante la Segunda Guerra Mundial.

2013
Marseille Capitale Européenne de la Culture!
Marseilles is chosen to stand as a European Cultural Capital!
Marsella es escogida como la Capital Europea de la Cultura!

La légende de Gyptis & Protis

Protis était un marin grec de la ville de **Phocée** en Asie Mineure qui a accosté au **Lacydon**. **Nann**, le roi des Ligures, préparait le mariage de sa fille, la princesse **Gyptis**. Elle choisit Protis pour mari en lui servant à boire.
Le roi Nann leur offrit un emplacement pour créer une ville. Ce fut **Massalia**!

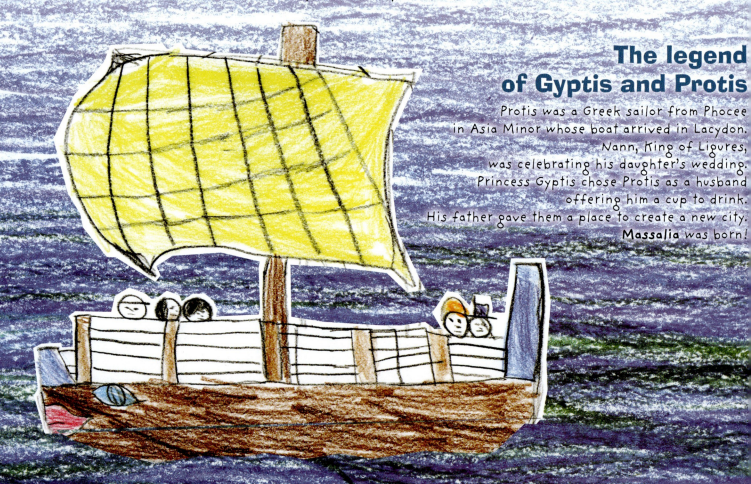

The legend of Gyptis and Protis

Protis was a Greek sailor from Phocee in Asia Minor whose boat arrived in Lacydon. Nann, King of Ligures, was celebrating his daughter's wedding. Princess Gyptis chose Protis as a husband offering him a cup to drink. His father gave them a place to create a new city. **Massalia** was born!

La Leyenda de Gyptis y Protis

Protis era un mariner griego de la Isla de Focea en el Asia Menor cuyo barco llego a Lacydon. Nann, el rey de Ligures celebraba por ese tiempo la boda de su hija. La Princesa Gyptis elige a Prostis como su futuro esposo al servirle un trago, asi su padre les ofrecio una nueva tierra para fundar una ciudad. La nueva ciudad era **Massalia**!

Le Frioul

C'est un archipel composé des îles Pomègues, Ratonneau, If et Tiboulen au large de Marseille. C'est un havre de paix sans voiture avec seulement les cris des gabians et le bruit des vagues. Le Centre Léo Lagrange y abrite des classes de mer pour les écoliers marseillais qui apprennent à naviguer sur les Optimist.

The Frioul

Is an archipelago composed of four islands in front of Marseilles. It is a peaceful place without cars; only the chirps and calls of gabians and the seawaves interrupt the silence. Leo Lagrange Youth Center hosts sea-classes for pupils who spend there a couple of weeks in order to learn how to sail and discover its natural life.

El Frioul

Es un archipiélago compuesto de cuatro islas ubicadas justo al frente de Marseille. Este es un lugar de calma en donde no se admiten vehículos. El silencio es interrumpido solamente por el canto de las gaviotas y el sonido de las olas del mar.

Le Château d'If

Construit sur ordre de François 1er, c'était une prison rendue célèbre par Alexandre Dumas dans le "Comte de Monte-Cristo".

The Castle of If was built following to King François 1st instructions. It was a prison famous according to Alexander Dumas' book "the Count of Monte-Cristo".

El Castillo de If fue construido bajo la orden del Rey Francois Primero. Esta prisión se hizo famosa gracias al libro "El conde de Montecristo" del autor Alexander Dumas.

Les monuments

L'abbaye de Saint-Victor d'abord construite
sur une nécropole au Ve siècle,
a ensuite été fortifiée au Moyen-Age.
C'est la plus vieille abbaye de France.

Saint Victor Abbey is French oldest abbey
(first built in 5th century on top of a necropolis, then fortified in the Middle Age)

La Abadía de San Victor es la más antigua de Francia
(fue construida en el siglo V en la cima de una necrópolis y luego fortificada durante la Edad Media)

L'entrée du **Vieux-Port** est gardée
par **les Forts Saint-Jean et Saint-Nicolas**
construits au XVIIe siècle
sur ordre de Louis XIV
pour surveiller les Marseillais!

La Cathédrale de la Major a été construite au XIXe siècle par **Espérandieu**, architecte aussi de Notre Dame de la Garde.

The Major Cathedral was erected in the XIXth century by the architect **Esperandieu** who also designed Our Lady of the Guard.

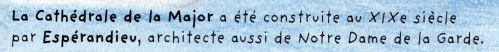

La Catedral de la Mayor fui construida en el siglo XIX por el arquitecto **Esperandieu** quien también diseñó Nuestra-Señora-de-la-Protección.

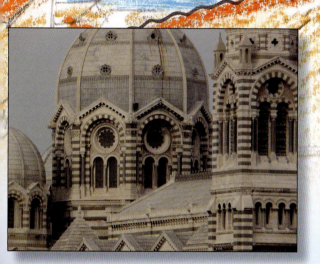

Saint-Jean and Saint-Nicolas Forts were built in the XVIIth century by order of King Louis XIVth in order to watch over the inhabitants!

Los fuertes de San Jean y San Nicolas fueron construidos en el siglo XVII bajo la ordén de Louis XIV para vigilar a los marsellesés!

Notre Dame de la Garde

Cette basilique, construite sous François Ier,
est un monument qui se voit de loin.
C'est la "Bonne Mère" qui protège les marins et les Marseillais.
Elle est surmontée d'une statue de la Vierge recouverte d'or.

Our Lady of the Guard

It is a basilica built under François 1st reign.
It is locally called "the Good Mother" because it is supposed
to protect the sailors as well as the local people.
A statue of the Holy Virgin can be seen from everywhere;
at the top, it is covered with gold.

Nuestra Señora de la Protección

Esta basílica construída bajo el mandato de Francois I
se ve desde lejanas distancias.
Es la "Madre buena" que protege a los marineros y a los Marselleses.
En la cumbre de la basílica hay una virgen recubierta de oro.

Le clocher des Accoules: il date du XIVe et abrite une cloche (Sauveterre)
qui convoquait autrefois les réunions des conseils municipaux.

The Accoules church tower
was built in the XIV th century.
It holds a bell (Sauveterre) formerly
used to call on the Mayor meetings.

La iglesia de "Accoules"
data del siglo XIV.
En ella se encuentra la campana
conocida como "Sauveterre"
que se usaba antiguamente
para convocar las reuniones
del consejo municipal.

La Mairie
The City Hall / La Casa del Signor Alcade

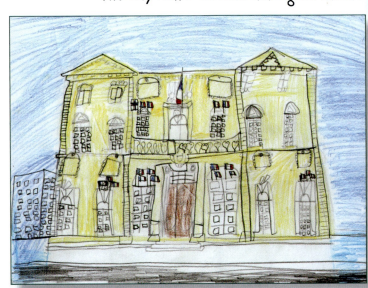

Le Palais Longchamp

Il a été construit par Espérandieu en 1862.
C'est un château d'eau célébrant l'arrivée
de l'eau de la Durance à Marseille.
Il abrite deux musées: les Beaux-Arts
et le musée d'Histoire Naturelle.

Palais Longchamp
It was built by Esperandieu in 1862 as a water-castle
celebrating the arrival of the Durance water in Marseilles.
It holds two Museums: Fine Arts and Natural History.

Palacio Longchamp
Fue construido por Espérandieu en 1862.
Es un castillo de agua que celebra la llegada del agua de Durance a Marsella.
Este palacio alberga dos museos, el Museo de Bellas Artes y el de Historia Natural.

Le Palais du Pharo

Il a été construit sous Napoléon III pour son épouse qui ne l'a jamais habité!

The Pharo Castle was built during Napoleon IIIrd reign, for his wife. But she never lived there!
El Castillo del faro fue construido durante el reino de Napoleón 3ro para su esposa. Pero ella nunca lo visitó.

La Vieille Charité: construite au XVIIe par **Pierre Puget** (architecte de Louis XIV) pour abriter les mendiants et les vagabonds. Aujourd'hui s'y trouvent le Musée d'Archéologie et le Musée d'Arts océaniens, africains et amérindien

The Old Charity: built in the XVIIth century by **Pierre Puget** (Louis XIV's architect) in order to welcome the poor and beggars. Holds today the Archeology Museum as well as the Oceanian, African, American Indian Arts Museum.

La Antigua Caridad: construida en el siglo XVII por **Pierre Puget** (arquitecto de Louis XIV) con el objetivo de albergar a los mendigos y vagabundos. Hoy en día allí se encuentra el Museo de Arqueología y el Museo de Artes Oceánicas, Africanas y Amerindias.

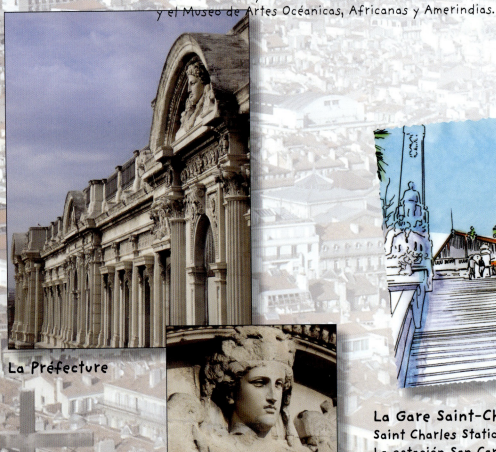

La Préfecture

La Gare Saint-Charles: construite au XIXe.
Saint Charles Station was built in XIX th century.
La estación San Carlos que fue construida en el siglo XIX.

L'Opéra: construit le 14 juillet 1786, entièrement détruit en 1919 puis reconstruit.

The Opera openned on July 14th, 1786, was totally destroyed by fire in 1919 and rebuilt later.

La Opera fue inaugurada el 14 de Julio de 1786 pero fue totalmente destruida por el fuego en 1919 y reconstruida años mas tarde.

Cité le Corbusier: dite "la Maison du fada" construite il y a 50 ans, elle abrite des appartements, une piscine, une école et des magasins.

The Corbusier Building – called "the House of the Fool" was built fifty years ago. It holds two-floor flats, a swimming pool, shops and even an school.

La Ciudadela "El Corbusier" o tambien conocida como "la casa del loco" fue construida hace 50 anos y en ella hay varios apartamentos, una piscina, una escuela y varios almacenes.

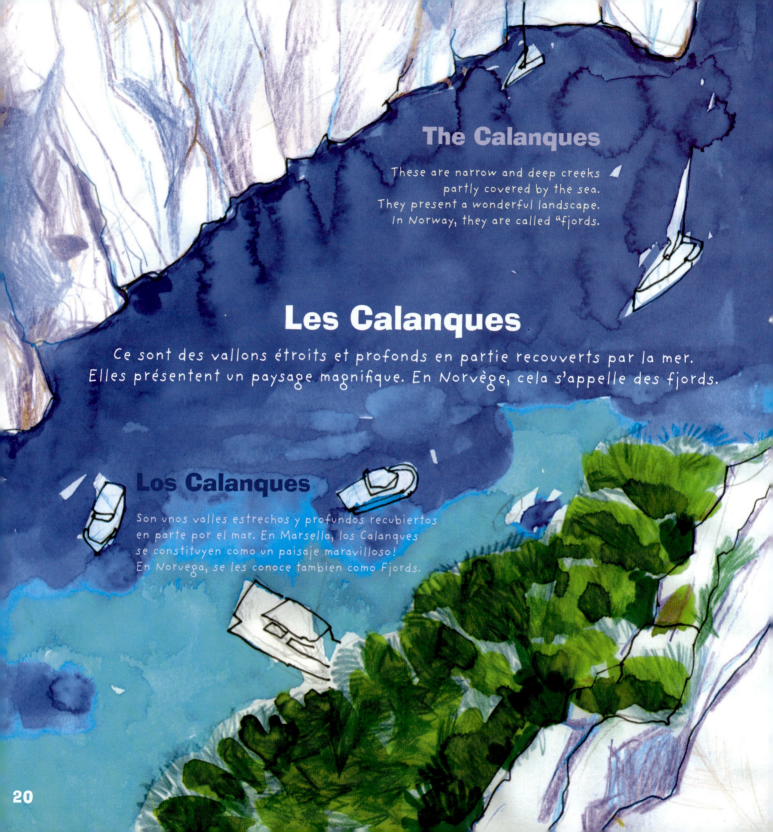

The Calanques

These are narrow and deep creeks partly covered by the sea. They present a wonderful landscape. In Norway, they are called "fjords.

Les Calanques

Ce sont des vallons étroits et profonds en partie recouverts par la mer. Elles présentent un paysage magnifique. En Norvège, cela s'appelle des fjords.

Los Calanques

Son unos valles estrechos y profundos recubiertos en parte por el mar. En Marsella, los Calanques se constituyen como un paisaje maravilloso! En Noruega, se les conoce tambien como Fjords.

La mer

Elle est partout à Marseille: on vit de la mer, avec la mer, dans la mer, au bord de la mer.
C'est la Méditerranée, la Grande Bleue!

The sea

It is everywhere; in Marseilles, we live with the sea, into the sea, at the seaside and from the sea.
It is the Mediterranean Sea here called the Big Blue!

En Marsella, el mar esta en todas partes.
Aqui, se vive con el mar, en el mar,
a bordo del mar.
Es el Mediterraneo,
o el Gran Mar Azul!

Le Vallon des Auffes

C'est un petit port de pêche traditionnel situé à 20 minutes du Vieux Port.

The Vallon des Auffes

It is a small fishermen port situated 20 minutes from the Old Port.

Es un pequeño Puerto de pesca tradicional ubicado a 20 minutos del Viejo Puerto.

Le "pointu"

C'est une barquette marseillaise entièrement réalisée en bois qui sert à la pêche comme à la promenade.

The "pointu"

It is a small boat entirely made out of wood used both for fishing and leasuring.

Es una pequeña embarcacion tipica de Marsella hecha en madera que sirve tanto para la pesca como para navegar las aguas.

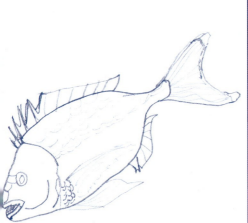

Le site et la lumière de l'Estaque,
quartier nord de Marseille, ont attiré beaucoup de grands peintres
à la charnière des XIXe et XXe siècles.

Cézanne, Braque, Dufy et Derain y ont séjourné et jeté les bases de l'Art Moderne.

On peut dire que le cubisme est né à l'Estaque!

Les peintres de l'Estaque

Estaque painters
Cezanne, Braque, Dufy and Derain
are famous for their paintings of Estaque Port (north of Marseilles).

Los pintores de l'Estaque
Cezanne, Braque, Dufy y Derain son pintores reconocidos
por sus pinturas del Puerto de Estaque (al norte de Marsella)

D'autres peintres célèbres y ont travaillé :
Renoir, Monticelli, Oton Friesz, Macke et Marquet.

Other famous painters worked at Estaque Village
such as Renoir, Monticelli, Oton Friesz, Macke and Marquet.

Otros pintores famosos trabajaron en Estaque
como Renoir, Monticelli, Oton Friesz, Macke y Marquet

La Faune

Il n'y a pas d'animaux sauvages à Marseille...

Les oiseaux: Les **gabians** (17000 couples), les pipistrelles (sortes de chauve-souris), les pigeons ainsi que les flamants roses de Camargue.

Les reptiles: Les couleuvres, les lézards...

Les mammifères: c'est **la chèvre du Rove** qui donne un merveilleux fromage.

The animal life

There is no wild animals in Marseilles...

Only birds; "**gabians**" (17000 couples), pipistrelles (a kind of bat), pigeons as well as pink flamingoes in Camague.

Reptiles: lezards and snakes...

Fish: all those we eat in the Bouillabaisse and Aïoli!

Mammals: the she-goat (from the Rove) famous for its cheese.

La vida animal

En Marsella no hay animales salvajes... solamente:

Pajaros: las **gaviotas** (17000 parejas), los pipistrelos (una especie de murcielago) y las palomas asi como los flamencos de Camargue.

Reptiles: lagartos y serpientes...

Pesces: con los que preparamos la Bouillabaisse y el Aioli!

Mamíferos: la cabra del Rove (una casta propia de la región) cuyo queso es muy famoso.

La cigale

Elle chante toute la journée en faisant «tchi tchi tchi»...
Attention, seulement les mâles chantent pour attirer les femelles.

The Cicadas
They are insects which sing all day long "tchitchitchi".
Only the males sing in order to seduce the femelles!

Las Cigarras
Son insectos cuyo canto produce un sonido como "tchitchitchi".
Pero solamente lo hacen los machos para atraer la atención de las hembras.

La Flore

Elle doit s'adapter à la sécheresse,
aux embruns et aux vents!
Ce sont surtout des oliviers,
des pins d'Alep, lentisques,
salsepareille, romarin
et des coussins de belle-mère![1]
Sans oublier la lavande et le thym!

1. Sorte de cactus.

The vegetation
It must adapt to the dryness, the salt and the winds! These are mostly olive trees, Alep pine trees, mastic trees, sarsaparilla and rosemary and "mother-in-law cushions"! Not forgetting lavender and thyme!

La flora
Debe adaptarse a la sequía, a las brumas y a los vientos! En esta region hay sobre todo olivares, pinos de Alepo, lentiscos, zarzaparrilla, romero y los asientos de suegra! Sin olvidar la lavanda y el tomillo!

Le Mistral

Le Mistral est un vent violent et impérieux dont le nom signifie "Maître". La légende dit qu'il naît dans un rocher creux.

Inquiets devant ses imprévisibles accès de colère, les habitants du village décidèrent un jour de l'emprisonner. Tandis qu'il dormait, ils bouchèrent l'entrée du rocher creux avec des planches très solides taillées dans des oliviers centenaires. Lorsque le vent se réveilla, il souffla, tempêta, hurla, en vain, car les planches résistèrent à sa colère. Il resta donc prisonnier dans sa prison de roche.
Alors, il menaça de dévaster toute la région dès qu'il sortirait de sa prison.
Mais les villageois restèrent sourds à ses menaces, ce qui le rendit fou furieux et il leur adressa des malédictions de toutes sortes.

C'est ainsi que quelque temps après, le temps devint si chaud et si humide que des odeurs insupportables se répandirent partout et qu'une épidémie de peste décima les nouveau-nés, les vieillards et les agneaux des troupeaux.
Affolés, les villageois se réunirent pour discuter ensemble de la situation.
Ils ne savaient pas quoi faire: fallait-il libérer le vent pour que son souffle purificateur chasse l'épidémie? Mais une fois dehors, n'allait-il pas se venger en déchaînant des tempêtes destructrices? Finalement, ils envoyèrent une délégation au rocher creux. Le Mistral promit que s'ils le délivraient, il ne serait plus aussi violent qu'avant. Il leur donna même sa parole de vent!

Les villageois le crurent et enlevèrent les planches qui obstruaient l'entrée du rocher creux. Aussitôt, le vent bondit à l'extérieur. Bientôt, l'épidémie de peste cessa et les villageois furent persuadés qu'ils avaient réussi à apprivoiser le Mistral.

Mais celui-ci ne se laisse pas domestiquer si facilement et il s'élança comme un cheval fougueux et sa violence destructrice se déchaîna à nouveau.
Mais cette fois, personne ne parvint à le capturer et à l'enfermer dans le rocher creux où il était né.

the Mistral wind

The Mistral is a violent and imperious wind whose name means: "Master".
According to the legend, he was born in a hollow rock.

The villagers got very worried because of his unpredictable fits of anger and they decided to trap him. While he was asleep, they plugged the entrance of the cave with solid boards made out of hundred years old olive trees. When the wind woke up, he blew, he raged, he roared - vainly, because the boards resisted against his anger. So, he had to remain locked in the hollow rock. Then, he threatened to ruin the whole area as soon as he could get out of his jail. But the villagers ignored his threats; that made him furious and he put all sorts of curses on them.

And some time later, the weather became so hot and moist that unbearable smells spread everywhere and that a plague decimated all the newborn babies, the old people and the lambs. The villagers got themselves into a panic and met to talk about the problem. They did not know what to do:
should they set the wind free so that his breath could purify the air and stop the plague?
But once outside, would not he take revenge on them by provoking destructive storms?
Finally, they sent a delegation to the hollow rock. The Mistral promised that, if they let him out, he would never be as violent as he was before. He even gave them his word of Wind!
The villagers believed him and they took away the boards which blocked the entrance of the hollow rock.
Immediately, the wind jumped out. Soon, the plague stopped.
The villagers were sure that they had managed to calm the Mistral down...

But this wind does not let people tame him so easily and he rushed forward like a fiery horse.
His destructive violence raged all over the country next to the village.
But, this time, no one could manage to catch him and to trap him in the hollow rock where he was born.

el Mistral

El mistral es un viento violento cuyo nombre significa "maestro".
La leyenda cuenta que nació en una roca vacia.

Inquietos a causa de la furia imprevisible del Mistral, los habitantes de la cuidad decidieron encerrarlo. Mientras que el dormía, el pueblo tapo los agujeros de la roca usando tablas muy solidas talladas con la madera de los arboles de oliva. Cuando el viento se despertó, soplo, grito pero todos sus esfuerzos fueron en vano ya que las tablas eran más fuertes que su furia. Así que el viento se queda encerrado en su montaña no sin lanzar duras amenazas de devastar la región una vez que el logre liberarse de aquella prisión.
El pueblo por su parte no hace caso a tales amenazas haciendo que la furia del Mistral crezca aun más.

Fue así como tiempo después, el clima se torno tan caliente y tan húmedo que olores insoportable se expandieron por toda la región junto con una epidemia de peste que mata a los recién nacidos, los ancianos y los corderos. Enloquecidos, los habitantes de la región se reunieron para discutir acerca de la situación pero ellos no sabían que debían hacer;
¿ deberían acaso liberar el viento para que con su soplo purificador limpiase la epidemia?
¿ Pero una vez liberado no se vengaría desencadenando tempestades y destruyendo todo a su paso?
Finalmente, el pueblo envio una delegacion a la montaña y el Mistral prometio que de ser liberado no seria tan violento como antes. Incluso el da su palabra de viento! Los habitantes deciden asi creer en su palabra levantado las tablas obstruían la salida del viento. Tan pronto como terminaron; el viento salió; la epidemia fue borrada y el pueblo se convenció de haber logrado calmar al Mistral.

Pero este a su vez, no es tan fácil de domesticar y de nuevo se lanza como un caballo desfogado y violento.
La diferencia es que esta vez, nadie logro volverlo a capturar ni encerrarlo en la montaña donde el nació.

Les marchés provençaux

Du Marché aux Puces à celui du Prado,
il y a des dizaines de petits marchés à Marseille,
presque dans chaque quartier. On peut tout y acheter!

The markets
From the Flea Market to the posh Prado Market,
you can find dozens of small markets,
almost one in every ward. You can buy everything!

Los mercados
En Marsella hay muchos pequeños mercados,
se podría decir que uno en cada barrio.
Desde el Mercado de las pulgas hasta los almacenes del Prado,
en esta ciudad se puede comprar de todo!

Le savon
C'est une institution à Marseille, son origine remonte à l'Antiquité.

The soap
Soap of Marseilles is quite an institution in Marseille.

El jabón
El jabón de Marsella es toda una institución en la región.

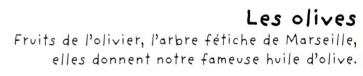

Les olives
Fruits de l'olivier, l'arbre fétiche de Marseille,
elles donnent notre fameuse huile d'olive.

The olive-tree is almost worshipped here
because is fruit gives our famous olive oil.

El árbol de olivas es muy apreciado aquí
ya que su fruto nos provee
del famoso aceite de oliva.

La Bouillabaisse

La bouillabaisse (de « il bout » et « il abaisse », en parlant du feu)
est un plat traditionnel marseillais.
Il se compose d'une soupe de poissons que l'on mange
avec des croûtons souvent aillés, de la rouille et des poissons servis entiers.
Ce plat est originaire de l'époque de la fondation de Massalia.
La bouillabaisse apparaît également dans la mythologie romaine :
il s'agit de la soupe que Vénus a fait manger à Vulcain pour l'apaiser
jusqu'à l'endormissement, dans le but d'aller batifoler avec Mars.

Traditional recipe: the Bouillabaisse

The bouillabaisse is a fish soup;
its name comes from "il bout" (it boils)
and "il abaisse" (it turns down the fire).
It takes its roots into Ancient Greek history.
Some other people pretend it is the soup
Venus made for Vulcain in order to put him
to sleep enabling her to go and love God March.
People eat this soup with croutons, garlic,
mayonnaise flavoured with pigmento.
Then, they appreciate the whole fish.

Receta tradicional: la bouillabaisse

La bouillabaisse, de "il bout" (hierve)
y "il abaisse" (reduce el fuego)
es un plato tradicional de Marsella.
Esta hecho a base de sopa de pescado
que se degusta con pequeñas tostadas con sabor
a ajo, mayonesa y pescados servidos enteros.
Este plato proviene de la época
de la fundación de Massalia.
La bouillabaise aparece también
en la mitología romana: se trata de la sopa
que Venus le dio a Vulcano para apaciguarlo
hasta hacerlo dormir,
para así poderse escapar con el dios Marte.

L'Aïoli
C'est un autre plat de poisson accompagné de légumes et d'une mayonnaise à l'ail.

Aïoli
It is another dish of cod together with vegetables and a garlic mayonnaise.

Aïoli
Es un otro plato: pescado con legumas y mayonesa de aïl.

La cuisine / Food / La cocina

La tapenade est une recette de cuisine provençale principalement constituée d'olives broyées, d'anchois et évidemment de tapena (câpres en occitan).

The Tapenade is a paste made with olives, anchovies and capers.

La Tapanade es una pasta hecha a base de olivas, anchoas y alcaparras.

•

L'anchoïade est une recette provençale qui se déguste à l'apéritif! C'est un ensemble de légumes crus que l'on trempe dans une sauce à l'anchois.

The Anchoïade is a typical recipe; it consists of raw vegetables that you dip in an anchovy sauce.

La Anchoiade es una receta típica que se degusta como aperitivo. Se trata de verduras crudas con una salsa de anchoas.

•

La panisse est une spécialité culinaire d'origine ligure faite avec une farine de pois chiches.

•

Les oreillettes, la pompe à huile (brioche sucrée plate à l'huile d'olive), **les navettes de Saint-Victor...**

•

Le Chichi-fregi est un beignet long roulé dans le sucre.

The Chichi fregi is a long doughnut rolled in sugar.

El Chichi fregi: es una donut bañada de azúcar.

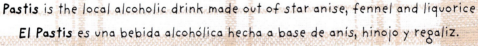

•

Le Pastis: c'est la boisson alcoolisée faite avec: anis étoilé, fenouil, réglisse.

Pastis is the local alcoholic drink made out of star anise, fennel and liquorice

El Pastis es una bebida alcohólica hecha a base de anís, hinojo y regaliz.

Les
13
desserts de Noël

❄

pompe à huile, noix, figues, amandes, raisins secs,
prunes, bugnes frites, pommes, poires, melon, nougat,
dattes, fruits confits...

❄

For Christmas in Provence,
we offer 13 desserts:
almonds, raisins, nuts, apples, pears,
watermelons, figs, crystallized fruit, dates...

❄

Para la época Navideña, Provence ofrece 13 postres:
almendras, uvas pasas, nueces, manzanas,
sandias, brevas, dátiles y frutas cristalizadas...

Les santons

Petits personnages d'argile décorés à la main, ils apparurent à Marseille il y a 200 ans.
Les Marseillais les sortent à Noël pour décorer la crèche.
Ils représentent la naissance de Jésus, qui, comme dit une chanson, est né en Provence!

Coutumes

The santons

Small clay figures hand painted, they appeared in Marseilles in 1803. For Christmas, people put them on display to decorate the crib. They represent the birth of Christ... in Provence!

Le costume provençal

Il en existait trois sortes: celui des paysans, celui des artisans et celui des bastidiens (résidents des Bastides), mais si l'on compte toutes les cultures vivant à Marseille, il y en a beaucoup plus!

Traditional costume and musical instruments

There used to be three traditional costumes: one for the peasants, one for craftmen and one for the "bastidians" (people living in the bastides – rich people's mansions) but if we add up all the different cultures living in Marseilles, there are many more!

The Galoubet is a small flute with three holes that was played together with the **tambourin** (long narrow drum).

Le galoubet

est une petite flûte à trois trous que l'on joue avec le tambourin.
Le tambourin est indissociable du galoubet, c'est une sorte de tambour que l'on joue en Provence depuis des siècles.

Los santons

Se trata de unas figuras de barro y arcilla pintadas manualmente que representan el nacimiento de Jesús en Provenza! Estas figuras aparecieron en Marsella en 1803 y los habitantes de la región las usan para decorar el pesebre de Navidad.

Traditional costume and musical instruments

Solía haber tres vestidos tradicionales: uno para los campesinos, unos para los artesanos y uno para los Bastidianos (personas que vivían en Bastidas, en grandes mansiones) pero si contamos las diferentes culturas de Marsella, podemos decir que hay muchas más.
El Galoubet es una pequeña flauta con tres agujeros que se acompaña **del tamboril**, una especie de tambor largo y estrecho que se toca en la región de Provence desde hace muchos siglos.

La Pétanque

Du provençal «pieds tanqués», c'est un jeu marseillais où tu lances des boules qui doivent toucher le cochonnet. Introduit en Gaule par les Romains. Tous les étés, Marseille organise le Mondial de la Pétanque.

The Petanque

From the provençal language "pieds tanqués".
It is a game played with steal balls.
You thrown the small one
called "cochonnet" and then the others.
The winner is the player who gets the nearest to it.
This game was introduced by the Romans.
Every summer, Marseilles organizes
a worldwide championship.

La Petanque

De la lengua provenzal "pieds tanqués"
que quiere decir "los pies juntos";
se trata de un juego tradicional en el cual
hay varias bolas de acero.
La bola más pequeña es llamada "cochonet"
que es la primera en ser lanzada
y los jugadores deben hacer que su bola
se acerque lo mayor posible al cochonet.
Este es un juego de origen romano.

Les blagues

A Marseille, on raconte des blagues toute la journée.
Les héros sont Marius, Olive et même la Sardine qui a bouché le Port de Marseille!
C'est un vrai bateau "**la Sartine**" qui est venu s'échouer au XVIIIe dans le Vieux Port....
Ce qui a beaucoup fait rire les Marseillais.

Local jokes

In Marseilles, people tell jokes all day long.
The heroes are Marius, Olive
and even the sardine which blocked the Old Port!
In fact, it is a boat called the "**Sartine**"
which sunk in the Old Port in the 18e century....
It made a lot of people laugh.

Los chistes

En Marsella, la gente cuenta chistes todo el día.
Los héroes son Marius, Aceituna
y la Sardina que tapo el puerto de Marsella!
Se trata de un barco la "**Sartine**" que se hundió
en el puerto de Marsella en el siglo XVIII,
lo que hizo a reír a mucha gente.

Le Stade Vélodrome

Il a été construit en 1937 et abrite 60013 places!
On y joue au foot, au rugby et on y présente des concerts ou la Fête des Écoles Marseillaises.

Le foot à Marseille

Velodrome Stadium

It was built in 1937, it holds 60013 seats.
Soccer and rugby are played there but it also presents music concerts
and every June the performance by pupils from schools.

El Estadio Velodromo

El estadio fue construido en 1937 y puede recibir 60013 espectadores.
Allí se juega futbol y rugby pero en él también se celebran conciertos
y cada año en el mes de Junio hay una presentación por parte de los estudiantes de las escuelas de Marsella.

L'OM

OM signifie **Olympique de Marseille**
Club créé en 1899, c'est celui qui a gagné le plus de médailles.
Le 26 mai 1993, l'OM devenait le premier club français champion d'Europe!
Dix fois Champion de France et dix fois vainqueur de la Coupe de France…

The Team: Olympic of Marseilles
The club created in 1899 won many cups and medals
(10 times winner of the Championship and 10 times winner of the French Football Cup).
In 1993, Marseilles was the first team to win the European Football Cup!

Nuestro equipo: el Olimpico de Marsella
El Club fue creado en 1899 ha ganado varias copas y medallas
(10 veces ganador del campeonato y 10 veces ganador de la Copa de Futbol Francés).
En 1993, fue el equipo francés en ganar la Copa de futbol Europeo.

Zizou

Zinedine Yazid Zidane, né le 23 juin 1972 à **Marseille**.
Surnommé **Zizou** c'est un ancien international de football français.
C'est une légende vivante! Il est cité parmi les plus grands joueurs de football de tous les temps.
Champion du Monde en 1998, il est adoré par les Marseillais.

Zinedine Yazid Zidane, born on June 23rd, 1972 in **Marseilles**, called **Zizou**, he was an international soccer player. It is a living legend!
He is quoted as one of the greatest soccer player of all times.
World Champion in 1998, Marseilles adore him.

Zinedine Yazid Zidane, nació el 23 de Junio de 1972 en **Marsella**.
Su apodo es **Zizou** y es un jugador de futbol conocido a nivel mundial.
Este jugador considerado como uno de los más grandes de todos los tiempos.
wCampeón Mundial en 1998, es la estrella de los ciudadanos de Marsella.

"Plus on s'enrichit de cultures, plus la pensée s'élargit, plus le monde s'ouvre à nous, et plus l'autre – Méditerranéen, Africain, Asiatique et Latino-Américain – nous est proche." Frère humain.

Jean-Claude IZZO

Tous marseillais !

Lexique du parler marseillais

Adieu	pour dire bonjour!	Hello	para decir hola
Anchois (yeux bordés d')	yeux cernés	black eyes	ojos maquillados
Arapède	personne collante	sticky person	una persona pegachenta
Bader	regarder avec amour	to look at with love in one's eyes	mirar amorosamente
Balèze	costaud	tough, beefy	gran fuerza física
Baston	bagarre générale	big fight	bronca
Bazarette	commère	gossip girl	comadre
Boulègue!	dépêche-toi!	hurry up!	de prisa!
Cagnard	le soleil quand il tape fort	heavy sun	pleno sol
Cacou	fanfaron	boaster	fanfarón
Crachat d'Esquimau	glaçon	icecube	cubo de hielo
Dégun	personne	nobody	ningun
Engatse	problème, embrouille.	situation	problema
Ensuqué	assommé de soleil, de pastis	thick	tonto
Estouffe-belle mère	dur à avaler	something difficult to swallow	duro de tragar
Fada	fou, dérangé	crazy, nuts	loco
Fatigué	malade	sick	enfermo
Gabian	goéland	seagull	goéland
Gobi	poisson	fish	pescado
Jobi	fou	crazy, nuts	loco
Malade	fou	crazy, nuts	loco
Marroner	bouder	to suck	quejarse
Méfi!	fais attention!	watch out!	watch out!
Minot	enfant	kid	niño
Niasqué	saoul	drunk	burracho
A ouf	gratuit	free of charge	gratuito
L'an pèbre	période très très éloignée	a long, long time ago	eternidad
Peuchère	le pauvre!	poor guy!	pobre hombre
Rascous	avare, pingre	miser	avaro
Tchatcher	parler sans arrêt	to talk too much	hablar por hablar
Té, vé!	tiens, regarde!	look!	mira!
La vie des rats	durer éternellement	long time	mucho tiempo

D'Akhenaton à Marcel Pagnol, en passant par Fernandel, Yves Montand, Pierre Puget, Régine Crespin, Maurice Béjart, Espérandieu, Elie Kakou, César, IAM...

...tous de Marseille !

Table des matières

Introduction	3
Préface de Richard Martin	4
Les auteurs	5
Carte d'identité de Marseille	6
Histoire	8
La Marseillaise	10
La légende de Gyptis et Protis	12
Le Frioul et le Château d'If	13
Les monuments	14
Les calanques et la mer	20
Le Vallon des Auffes	22
Le pointu	23
Les peintres de l'Estaque	24
La faune et la flore	26
Le mistral	28
Les marchés provençaux	30
La bouillabaisse et l'aïoli	32
La cuisine	34
Les 13 desserts	35
Les santons et les coutumes	36
La pétanque	38
Les blagues	39
Le foot à Marseille et Zidane	40
Marseille, ville d'accueil	42
Lexique du parler marseillais	44
Table des matières	46
Index	47

Accoules (clocher des): 16
aïoli: 33
Auffes (vallon des): 22
bouillabaisse: 32
Braque: 24
Buffalo Bill: 9
calanques: 7, 20
Cézanne: 24
cigale: 27
Château d'If: 9, 13
Cosquer: 8
Derain: 24
Dufy: 24
Estaque: 15, 17
galoubet: 37
Gyptis: 12
Longchamp (Palais): 17
Major (cathédrale de la): 15
Marseillaise: 10, 11
mistral: 28, 29

Nann: 12
Notre Dame de la Garde: 16
OM: 41
pastis: 34
Pétanque: 38
Pharo (Palais du): 17
Phocée: 8, 12
Pointu: 23
Protis: 12
Puget (Pierre): 18
Pythéas: 8
Romains: 7, 8
Rouget de Lisle: 10
Saint-Victor: 8, 14
Santon: 36, 37
Sartine: 39
Savon de Marseille: 30
tambourin: 37
Vélodrome (stade): 40
Zidane (Zizou): 41

Achevé d'imprimer
sur les presses
de l'imprimerie Milenio
à Barcelone
le 7 décembre 2012
(deuxième tirage)

© In Octavo Éditions

Dépôt légal 3ᵉ trimestre 2009
ISBN 978-2-84878-101-3

Toute reproduction, dans le cadre d'une utilisation collective, intégrale ou partielle, faite sans le consentement préalable de l'auteur ou de ses ayants cause, serait illicite et constituerait une contrefaçon sanctionnée par la loi en vigueur propre au Code de la propriété intellectuelle.